# DE L'INFLUENCE

## DU

# THÉATRE

## SUR

## LA CLASSE OUVRIÈRE

Lectures faites le 22 et le 29 juin 1862
Aux conférences de l'*Association polytechnique*

PAR

## M. ÉDOUARD THIERRY

Administrateur général du Théâtre-Français

PARIS

TYPOGRAPHIE E. PANCKOUCKE ET Cⁱᵉ

13, QUAI VOLTAIRE, 13

1862

# DE L'INFLUENCE

# DU THÉATRE

SUR

LA CLASSE OUVRIÈRE

C.

# DE L'INFLUENCE

## DU

# THÉATRE

## SUR

## LA CLASSE OUVRIÈRE

Lectures faites le 22 et le 29 juin 1862
Aux conférences de l'*Association polytechnique*

PAR

## M. ÉDOUARD THIERRY

Administrateur général du Théâtre-Français

## PARIS

## TYPOGRAPHIE E. PANCKOUCKE ET Cie

13, QUAI VOLTAIRE, 13

1862

EXTRAIT DU MONITEUR UNIVERSEL
des 30 juin et 14 juillet 1862

# DE L'INFLUENCE

# DU THÉATRE

SUR

## LA CLASSE OUVRIÈRE

I

MESSIEURS,

Æsope le fabuliste était esclave, vous
le savez, et il avait pour maître le philosophe Xantus. Du reste, le philosophe et
le fabuliste faisaient ensemble un curieux
ménage. Pour peu que l'esclave trouvât
l'occasion de mystifier son maître, il ne la
manquait guère ; mais celui-ci ne s'en
fâchait pas. On voit que sa philosophie lui
servait à quelque chose. Un jour donc
que Xantus voulait traiter quelques amis,
il envoya Æsope au marché, lui comman-

dant à la hâte de rapporter tout ce qu'il y avait de meilleur.

Æsope n'acheta et ne servit que des langues.

La chose ne déplut pas d'abord ; mais on trouva bientôt que le repas manquait de variété, les invités sans le dire, bien entendu ; Xantus à haute voix, comme un maître de maison qui se plaint au nom de ses convives.

Æsope fut tancé ; mais, rappelant l'ordre qu'il avait reçu, il prouva par de bonnes raisons que la langue, qui est le lien de la société, la langue sans laquelle n'existeraient ni la science, ni l'étude, ni la prière, ni les lois, était tout ce qu'il y a de meilleur au monde.

Le philosophe fut bien obligé d'en convenir.

Or, comme il avait une revanche à donner à ses hôtes, sans compter celle qu'il voulait avoir lui-même, il pria tout le monde de revenir le lendemain, et, changeant le menu d'un seul mot, il commanda qu'on lui servît ce qu'il y avait de pire.

Le lendemain Æsope ne servit encore que des langues, et prouva par d'aussi fortes raisons que la langue, d'où naissent les contestations et les querelles, la langue, mère du mauvais conseil, du mensonge et de la calomnie, était tout ce qu'il y a de pire.

Xantus n'essaya plus de prendre sa revanche.

Le théâtre est comme la langue. Rien de meilleur que le bon théâtre; quand le théâtre est mauvais, rien de pire.

Le théâtre a d'abord, soit pour le bien, soit pour le mal, la force persuasive de la langue et du discours. Il a de plus, outre ce qui parle à l'esprit par les oreilles, ce qui lui parle par les yeux. Ainsi, la représentation théâtrale n'est pas seulement le jeu le plus délicat et le plus complet de la parole, elle ajoute à la parole vivante le charme et le prestige de tous les arts.

Qu'elle veuille tirer du spectateur ou le rire ou les larmes, elle le prépare à la gaieté ou à la tristesse par le rhythme enjoué des instruments qui badinent ou par les plaintes mystérieuses de la symphonie.

Le rideau se lève; c'est la peinture qui succède à la musique, et, par un autre effet de magie, déploie devant les yeux les vastes horizons du paysage ou les savantes perspectives de l'architecture.

C'est l'art du machiniste qui donne le mouvement à ce monde artificiel, enfle et abaisse la vague marine, fait tourner le navire avec les flots qui écument autour de lui et monter à l'horizon la lune étincelante.

C'est l'art du dessinateur, c'est l'art du costumier qui ressuscitent une époque, improvisent une cour, un peuple, une armée.

C'est l'art de la danse et du chant qui trouvent aussi leur place à côté

de tant d'agréments divers, même ailleurs
que sur les scènes lyriques.

C'est l'art du comédien, c'est sa personne, c'est l'homme enfin qui apparaît au
milieu de ces prestiges, les complétant par
la réalité d'abord et aussi par l'illusion,
celle des caractères, des professions diverses
et des passions, portée jusqu'à la dernière
vraisemblance.

On a beau faire : quand cet ensemble se
trouve harmonieusement réalisé, il est difficile de résister à tant d'impressions réunies.

L'effet serait déjà bien fort s'il s'exer-
çait sur chaque spectateur en particulier, mais il s'exerce sur deux mille
spectateurs à la fois, sur une assemblée
sympathique, attentive, pleine de la même
âme, où nulle émotion ne se partage qu'en
se multipliant.

Ainsi excités l'un par l'autre, les esprits
s'abandonnent au charme commun qui les
séduit. Les imaginations les moins aisées à
surprendre subissent l'illusion ; qu'est ce

donc lorsqu'il s'agit de celles qui ne se défendent pas, de ces imaginations vives et promptes, généreuses, avides de connaître, d'être étonnées, d'être persuadées : ai-je besoin de dire : les imaginations de la classe ouvrière ?

C'est pour elles que l'enchantement du théâtre est un enchantement complet, que le drame vit et palpite, que l'action est une action réelle, instantanée, au milieu de laquelle un incident nouveau peut se produire encore, où le spectateur lui-même peut intervenir, arrêter par un cri la main du meurtrier levé sur sa victime et déconcerter en se montrant le triomphe d'une odieuse intrigue.

Public admirable, — demandez à tous les auteurs, — qui ne croit pas se devoir à lui-même de critiquer ou de dédaigner, qui s'associe aux passions du drame, les épouse sans réserve et participe personnellement à la représentation !

Et ce qu'il y a de singulier, c'est qu'au

moment où il croit le plus à la réalité de ce qui se joue devant lui, au moment où il a perdu le sentiment de l'artifice qui l'abuse, son admiration redouble pour ce même artifice. Semblable au songeur qui rêve et qui se sent rêver, il oublie le théâtre en éprouvant toutes les émotions dont il voit l'image; il s'en souvient, si cela s'appelle se souvenir, en admirant le comédien qui les lui communique, et qui ne les lui communique cependant qu'en se faisant lui-même oublier.

Le comédien sympathique et passionné est le dieu de la foule enthousiaste. Il la tient suspendue à sa parole, à son silence, à son geste et à son regard.

Il l'entraîne, il l'emporte, et elle le suit aussi haut qu'il s'élève.

Il redescend, elle le suit de même; et s'il descend encore, elle descend toujours avec lui.

C'est là un des dangers de cette merveilleuse influence.

Les masses ne vont jamais qu'à ce qui est grand. Ce qui est laid et petit les repousse. Mais si un grand artiste se fait un jeu de les troubler dans leur conscience, s'il lui plaît de se parodier lui-même ; d'être l'ironie au lieu d'être la chaleur d'âme ; de renier tous les fiers sentiments dont il a été le magnifique interprète, comment pourraient-elles reconnaître le piège et se défendre d'y tomber ?

Nous avons vu une de ces débauches du génie.

Il y avait eu, voilà tantôt quarante ans, un mélodrame de l'espèce ordinaire. A la veille de la première représentation, les comédiens, deux comédiens, désespérant de l'ouvrage, avaient imaginé d'en égayer au moins la déroute.

Ils avaient intrépidement tourné leurs rôles au burlesque, et, par une fantaisie de la fortune théâtrale qui s'égayait aussi sans doute, la déroute annoncée s'était changée en un succès. Succès de scandale. Ce n'é-

tait pas celui qu'avaient cherché les auteurs, mais qu'importe? Un succès est
toujours bon à prendre. Bref, les deux rôles,
après avoir sauvé la pièce, avaient fini par
devenir la pièce entière, une pièce impro-
visée tous les soirs, augmentée de tous les
hasards et de tous les bonheurs de la représentation ; mieux encore! car ils étaient
devenus deux figures vivantes, deux types
à jamais reconnaissables, esprit, attitude
et costume : le rôdeur qui a gardé un reste
d'élégance dégradée, et le complice subal-
terne qui suit son héros en l'admirant ; le
malfaiteur au pantalon rouge et l'assassin
aux poches en besace ; Robert Macaire, puisqu'il faut l'appeler par son nom, l'Oreste
le grand chemin, et Bertrand, son misérable
Pylade.

Plus tard, la caricature s'était emparée
les deux types.

Au moment où les temps nouveaux
s'engageaient dans la carrière à peine
ouverte des grandes spéculations indus-

trielles, où les esprits modérés hésitaient encore devant l'inconnu et laissaient prendre les devants aux coureurs d'aventures, le crayon de Daumier, prompt à prévenir les dupes, avait reproduit d'un trait brusque et savant, comme le double symbole de l'agiotage effronté, Robert Macaire, charlatan d'industrie, et Bertrand, son inséparable compère.

Le théâtre les reprit à la caricature;

Et, tandis que la satire frondeuse disait derrière le vitrage de Martinet : « Robert Macaire, c'est l'époque ! » le rideau des Folies-Dramatiques se levait, et le grand comédien, réclamant son droit de création, répondait tout à coup : « Robert Macaire, c'est moi ! »

C'était lui.

Ce jour-là, le public vit marcher, vit agir, vit parler sur la scène la caricature vivante.

C'était encore le héros de l'*Auberge des Adrets*, mais (sans autre point de

comparaison, bien entendu!) comme le
Figaro du *Mariage de Figaro* est encore le Figaro du *Barbier de Séville*.
C'était toujours Robert Macaire, mais avec
un succès d'insolence à soutenir et à dé-
passer, Robert Macaire accru de tout ce
qu'il avait acquis en dehors de la scène,
et quittant le domaine plus ou moins riant
du théâtre inoffensif pour entrer inopiné-
ment, en robe de chambre — je dis le
vrai costume — presque en chemise, et
jambes nues, dans une parodie de nos
mœurs à la fois impossible et réelle, cy-
nique, faite à sa ressemblance et faite par
lui-même.

Au fond de *l'Auberge des Adrets* restait encore, si effacée qu'elle fût, l'ancienne moralité du drame. Restait cette
famille d'honnêtes gens, cette femme du
vagabond, ce fils d'un père abominable-
ment déchu, qui expiaient sa dégradation
par leurs larmes, par le deuil dont il les
obligeait à se vêtir, par le sang même de

sa victime. Mais, que dis-je? Robert Macaire ne versait pas le sang. C'était Bertrand qui donnait le coup de couteau avec la férocité des lâches natures. Enfin, pour que le déshonneur de l'échafaud fût au moins épargné à son fils et à sa veuve, un coup de pistolet tiré par son complice livrait Robert Macaire à cette justice mystérieuse et pleine de miséricorde qui se nomme la justice de Dieu. Bertrand, deux fois assassin, tombait entre les mains de la force publique pour être donné en exemple par la justice humaine, en spectacle par le bourreau.

Dans la pièce des Folies-Dramatiques, rien n'était respecté, pas même la mort! pas même le convoi qui passe, suivi de la famille silencieuse ; pas même le cercueil, cet objet d'une vénération qui semble s'accroître chaque jour, et dont la grande cité fait presque sa dernière religion !

Oui, au moment où se levait le rideau, une parodie d'enterrement passait dans le

fond de la scène. Les gens de l'auberge des
Adrets portaient, sous le drap noir, une bière
remplie de sable ; les gendarmes encore
mystifiés faisaient escorte à ce qui n'était
pas même les restes d'un bandit mort ; et
cependant, guéri de sa blessure, le bandit
lui-même descendait en trébuchant l'esca-
lier de sa chambre, ignoble, l'œil hébété,
la langue bégayante, dans la double igno-
minie de l'ivresse et de la nudité.

La suite était digne du début. Après
avoir menti à la mort, à quoi Robert Macaire ne devait-il plus mentir ? Que ne devait-il pas jouer ? que ne devait-il pas avi-
lir en le contrefaisant ? Tout a été dit depuis six mille ans qu'il y a des hommes
sur cette terre. Tous les nobles sentiments
ont été exprimés. Toutes les situations,
toutes les conditions de la vie, toutes les
professions ont leur langue et leur éloquence. Robert Macaire parodiait cette
éloquence connue. Il parodiait la langue
de l'autorité paternelle, la langue de la

générosité, de l'enthousiasme et de l'amour, la langue de la loyauté et de la probité dans les contrats, la langue de la foi commerciale, la langue des réunions industrielles et des assemblées parlementaires.

Savez-vous cependant ce que c'est que de parodier une de ces langues ?

Molière, dans son *Tartufe*, a parodié la langue de la dévotion pour jouer l'hypocrisie, et la dévotion elle-même est devenue suspecte !

Ne faisons pas à la suite de l'*Auberge des Adrets* l'honneur de la garder plus longtemps à côté de *Tartufe ;* mais, soutenue par la force de création d'un artiste supérieur, cette parodie de toutes les langues détruisait nécessairement le respect de toute chose. Imbécile qui se fût encore laissé prendre à une phrase tant soit peu usitée et redite (comme s'il y avait rien de plus sûr que ce qui se redit toujours) ! Niais qui, devant ce troupeau de dupes, insolemment bafoué par un coquin triom-

phant, n'eût pas choisi d'être du parti de
l'insolence contre celui de l'honnêteté, je
me trompe, de la sottise !

Robert Macaire fit école. Car, c'est là un
des effets remarquables du théâtre, son
danger autant que son bienfait (avec lui
les deux se trouvent toujours ensemble) : si
le théâtre représente la vie, s'il commence
par en être l'image, l'image à son tour en
devient le modèle. La société qui l'avait
fournie se façonne à son tour sur le modèle donné. Ce n'est plus le théâtre qui
ressemble à l'homme de son temps, c'est
l'homme de son temps qui ressemble au
théâtre.

Robert Macaire n'était vrai jusque-là
que comme exagération burlesque ; à partir
de l'immense succès que le comédien fit à la
pièce, celle-ci créa pour un moment l'effronterie publique.

Il y eut, parmi les plus actives intelligences, une fanfaronnade du passe-passe et
du tour de main. La fameuse scène des ac-

tionnaires avait eu trop de succès au théâtre, pour que plus d'un habile ne se sentît pas aiguillonné à devenir comédien et à la jouer dans quelque salon d'apparat, meublé à crédit, loué de la veille. Malheur aux maladroits, aux pigeons de la commandite et à tous les honteux qui perdent! Place aux impudents! Salut à la haute et à la petite impertinence! L'ancienne hypocrisie est passée de mode; elle avait encore la faiblesse de vouloir ressembler à la vertu! Partout la parole est à ceux qui tournent quelque chose en ridicule, et les applaudissements de la galerie sont pour ceux qui la méprisent. De proche en proche, de degré en degré, chacun jouait sa comédie et sa parade. On se tirait du devoir par une insolence. On répondait à tout par une bouffonnerie. Devant la justice correctionnelle, le prévenu posait pour la presse qui devait reproduire sa bravade, et se préparait dans les journaux judiciaires un succès de cynisme. Le malfaiteur dressait son guet-apens tout en faisant des mots. L'assassin bel esprit était inventé. Il se piquait de littérature et envoyait des poésies fugitives aux gazettes, qui les imprimaient. Si vous trouvez que je vais trop loin, c'est que vous avez oublié ; mais songez-y et rapprochez les noms : Lacenaire est contemporain de Robert Macaire.

Passons vite ! J'ai l'air de calomnier le théâtre, et un monstre ne fait exemple pour personne. Non ! quand on parle de l'influence du théâtre, on ne parle pas d'un fait accidentel et d'un cas d'exception, mais d'une influence habituelle et journalière.

Celle-là, je sais ce qu'en ont écrit des moralistes d'une autorité imposante. Je sais par où elle inquiète de graves esprits et par où elle a souvent justifié leur défiance. Le spectacle a trop d'action sur les jeunes cœurs. Il y éveille un trouble qui les charme et leur apprend trop vite à se connaître. « Il est si dangereux de regarder aimer ! » C'est une femme qui l'a dit. Le mot de M^{me} Émile de Girardin doit être vrai. Et que fait-on autre chose au théâtre Tragédie ou opéra, comédie ou pantomime, quelles que soient les autres circonstances, quels que soient les autres motifs d'intérêt, on regarde toujours aimer.

On regarde haïr aussi ! et ce n'est pas un des moindres reproches qui puissent être adressés aux théâtres populaires. Un besoin de succès, qui n'a rien de commun avec le désir de la gloire, cherche des applaudissements où il en trouve, et en trouve toujours de faciles à flatter la secrète jalousie du pauvre contre le riche. C'est en vain que, depuis Diderot et Mercier, ces deux pères du drame, trois révolutions ont passé sur la société française en la renouvelant ; c'est en vain que le niveau s'y fait chaque jour par un progrès visible, manifeste, et d'une manière admirable, c'est-à-dire sans que personne soit abaissé ! Il semble que rien ne soit changé pour les

dramaturges de la vieille école. Leur procédé reste toujours le même : misère et
vertu d'un côté ; richesse et iniquité de
l'autre. Antagonisme permanent de l'hum-
ble probité contre la duplicité et la violence. L'innocence aux prises avec toutes
les ressources du vice enhardi par la fortune. Si bien que la classe laborieuse, abu-
sée par ce spectacle, retombe dans le doute
et dans le découragement, retrouve au
fond de son cœur un dernier levain des
anciennes rancunes et se défend de voir
que tout convie le monde moderne à l'uni-
verselle fraternité.

Mais quoi ? N'est-ce pas la loi d'imperfec-
tion sous laquelle s'agite la destinée humaine ? Les meilleures choses de ce monde
n'y vont pas sans mélange. Rien de bon qui
ne puisse tourner à mal. Et si le feu qui
éclaire est aussi le feu qui dévore ; si le
vin qui réconforte les blessés du travail
est aussi le vin qui enivre et qui tue ; si la
parole qui atteste la vérité est également

l'interprète du mensonge, pourquoi s'étonner de ce que le théâtre qui moralise la foule est également propre à la surprendre et à la tromper ?

Avant tout, l'influence du théâtre est une influence salutaire. Réunissez les hommes dans un lieu où ils se respectent, ils s'améliorent en se rapprochant. Réunissez-les pour leur montrer l'homme lui-même et l'image de la vie humaine, ils se constituent leurs propres témoins et les juges de la vie.

Ne vous y trompez pas : à côté de cette fonction qu'a le théâtre de divertir les esprits et d'émouvoir les cœurs, il en a encore une plus haute, celle de poser, chaque jour, devant le public qui la résout solennellement, la question du juste et de l'injuste.

On me dira peut-être qu'elle se pose pour nous tous à chacune de nos actions. Oui, sans doute ; mais nous sommes seuls a délibérer ; et, lorsque nous sommes seuls, nous sommes faibles. Nous délibérons avec nous-mêmes, c'est-à-dire avec nos intérêts, avec nos passions qui nous trompent et avec notre conscience qui se dispose peut-être à capituler en secret. Que de choses d'ailleurs qui concourent à nous remplir d'hésitation ! Nos habitudes, nos sympathies ou nos inimitiés, l'amour-propre, les relations de la société si peu simples et si peu sûres, tant de petites causes qui nous déterminent à la fois, les unes avouables, les autres plus réelles et que nous trouvons le moyen de ne pas nous avouer à nous-mêmes ! Tant de prétextes que nous nous donnons et qui grossissent ou diminuent moitié à notre insu, moitié à notre gré ! Enfin, il est bien difficile que nous ne soyons pas un peu nos propres dupes, et, ce qui est certain, c'est que tout le monde se trouve pris çà et là de subites rougeurs et que les âmes les plus sereines sentent, en se troublant, quelque mauvais ressouvenir monter à leur surface.

Au théâtre, rien de personnel ne se mêle à notre jugement. Spectateurs désintéressés, nous assistons à un événement où nous n'avons d'autre part que la curiosité et l'intérêt naturel de l'homme pour ce qui touche à l'homme. Les personnages qui se présentent nous sont inconnus ; ils se feront connaître tout à l'heure par leurs actes et par leurs paroles. L'action commence ; mais dès son origine elle est limitée et circonscrite. Elle ne se compliquera pas de circonstances qui lui seraient étrangères. Rien ne s'y ajoutera qui puisse en rendre le caractère équivoque. Ainsi des personnages. Ils ne s'offriront pas non plus sous un aspect douteux. Tout est clair, tout est certain. Est-ce un fait qui se passe ou une cause qui s'instruit ? L'action dramatique est l'un et l'autre. Vivante comme le présent, exposée et déduite selon les règles du débat judiciaire, c'est une cause que l'on juge avec le sentiment et avec la raison. Tous les yeux sont ouverts ; tous les esprits sont attentifs. Chaque personnage du drame a déjà produit son impression sur les spectateurs. Celui-ci est bon, le public l'aime. Celui-là est mauvais, le public le méprise. La lutte est engagée. A chacun de ses mouvements répond un mouvement de nos cœurs. Aussi longtemps qu'elle reste inégale, c'est-à-dire qu'elle penche du côté du méchant, une oppression pèse sur toutes les poitrines. Si le méchant semble près d'accabler sa victime, un cri d'angoisse proteste contre ce triomphe impie, et la grande fête du drame est le coup inattendu que la Providence tient en réserve pour sauver l'innocent qu'elle semblait abandonner.

Quand le public est assemblé, a dit un homme des plus délicats dans l'analyse dramatique, quand le public est assemblé, justice se fait.

Oui, justice se fait! et c'est pour cela qu'il faudra toujours que justice se fasse à la fin du drame, sur les théâtres populaires.

On aura beau se récrier contre ce dénoûment inévitable et toujours prévu : le
vice puni et la vertu récompensée ; l'art
qui dédaigne les redites aura peut-être
raison vis-à-vis de lui-même, il aura tort
devant le sentiment unanime de la foule.

Il faut que justice se fasse ! Eh quoi
donc ! Cette foule sera venue précisément pour rendre témoignage à la vérité,
pour assister le faible, ne fût-ce que de
ses muettes sympathies ; pour arrêter le
persécuteur, ne fût-ce que par sa pré-
sence ; tout son cœur se sera soulevé d'in-
dignation contre le traître, le parjure,
l'homme de violence ; ses larmes auront
coulé avec celles de l'orphelin, de la
femme et du vieillard ; toute son âme
aura eu soif de l'équité, et cette colère
sera vaine, ces larmes ne compteront pour
rien, et cette soif de l'équité ne sera pas
satisfaite !

La foule unanime, infaillible, aura eu,
elle aussi, son rôle dans la représentation,

le rôle qu'avait le chœur dans le théâtre antique; et elle ne prononcera pas la suprême moralité de la pièce !

Non! il n'en doit pas être ainsi. C'est bien assez que la vie semble souvent oublier de conclure! Mais la vie qui ne s'arrête pas et qui se transforme toujours n'a pas mission de rien achever. La mort même ne finit pas; elle recommence et laisse le dernier mot à Dieu. L'action dramatique se termine; elle est complète. C'est pour cela qu'elle doit conclure et ne pas laisser le public en doute du châtiment ni de la récompense.

Le dernier mot du drame, c'est la justice.

Et lorsque ce dernier mot a été prononcé d'une seule voix, que chacun le rapporte à son foyer, dans la pure émotion de son cœur, croyez-vous que ce mot y demeurera stérile ?

Croyez-vous qu'il soit indifférent pour l'éducation morale d'un peuple que tous

ses généreux instincts soient sollicités chaque soir, que toutes ses bonnes fibres ap-
prennent à tressaillir, ses larmes à couler
devant la douleur, son enthousiasme à
s'exalter devant le courage et les nobles
dévouements?

Croyez-vous qu'il soit indifférent que le
théâtre, dût-il même abuser des meilleurs
sentiments, nous touche toujours à cet
endroit du cœur où se trouvent les ten-
dresses du père et du fils, de la fille et de
la mère ?

Non! vous ne le croyez pas, et ceux qui
ont accusé les spectacles, l'ont fait surtout
dans un temps où l'on était peut-être trop
prévenu contre la corruption des villes. On
opposait alors l'innocence des champs à la
dépravation des cités. Que s'est-il passé
depuis ce temps-là? Je l'ignore; mais ce
qu'il est aisé de voir, c'est que les moralistes ont abandonné l'ancienne antithèse.
Le roman moderne n'a rien laissé debout
des idylles du dix-septième et du dix-hui-

tième siècle. Aux gracieux bergers de Florian ont succédé ces avares possesseurs de la terre, ces envahisseurs patients d'un sillon, ces usuriers sournois qui se nomment les paysans de Balzac. Qu'est-ce à dire? Balzac a-t-il tout simplement retourné un paradoxe? Cela peut être. Ou bien la population des villes se serait-elle relevée à mesure que la population des campagnes serait descendue sur une pente rapide? Je n'ose le dire. Et pourquoi ne le croirais-je pas, cependant? N'est-il pas vrai que toutes nos convoitises ont besoin d'être réprimées? Et si la campagne n'est pas restée docile à la voix qui parle dans la chaire évangélique, si la foi ne lui offre plus, au delà de cette vie, le gage d'une meilleure espérance, que lui reste-t-il donc pour la défendre contre les sollicitations de l'égoïsme originel?

Rien du côté du ciel, rien du côté du monde! Des croyances affaiblies et sans effet. Ni livres, ni musées, ni représentations

théâtrales! Qui dira donc à ces rudes arti-
sans du sol où est le mal, où est le bien,
où est le juste, où est l'injuste? Ils vivent,
ils peinent, disséminés sur la plaine et sur
la montagne. L'isolement et le silence
resserrent de toute part le cercle de leur
pensée. Leur long entretien avec la terre,
vers laquelle les courbe le travail, roule
incessamment sur la fatigue et sur le gain,
les contrats sus par cœur et toujours mé-
dités. Durs à eux-mêmes, comment ne le
seraient-ils pas pour les autres? et, lorsque
ni le vent, ni le soleil, ni la gelée ne les
épargnent, comment épargneraient-ils ceux
qui sont à leur merci? De là ces calculs
de fourmis enfouisseuses, ces avarices cal-
mes et impitoyables, ces partages où les
absents ont tort, ces frères et ces sœurs
spoliés par leurs frères, ces vieillards dont
les enfants comptent les jours depuis
qu'ils en ont hérité d'avance et qui attendent
un morceau de pain lent à venir, au bord
du champ dont ils ne touchent pas la rente!

Mettons la main sur nos cœurs et ren-dons-nous justice. Ils battent d'un mouve-ment plus généreux dans ces grandes vil-les où toutes nos facultés s'excitent en commun. L'égoïsme individuel peut s'y ren-contrer; mais le dévouement est le senti-ment général de la foule, et jamais la classe laborieuse n'a eu les mains avares. Le respect de la famille est dans le peuple; je n'en fais pas seulement honneur au théâtre, j'en fais honneur au parterre dont le drame reçoit l'impulsion aussi bien qu'il la donne; mais le théâtre rend au double tout ce qu'il reçoit. S'il ne corrige pas les vices des particuliers, il élève le niveau des mœurs; il fait l'éducation des esprits, leur propose des exemples permanents de vertu et d'honneur, laisse sans obscurité la question de tous les devoirs, et forme, en l'éclairant, la conscience publique.

## II

Messieurs,

Il y a huit jours, je venais ici justement inquiet et troublé, plein de bon vouloir, mais doutant que ce bon vouloir qui m'avait trompé et qui m'allait trahir, pût me servir d'excuse. Dès le premier moment, votre bienveillant accueil m'a rassuré, — il est vrai que nous nous sommes entendus bien vite dans notre affectueuse vénération pour celui qui est l'âme et l'honneur de ces conférences. Je n'ai eu qu'à dire le nom de M. Perdonnet et je n'ai pas même pu ajouter son éloge, vos applaudissements l'ont achevé. Vous aviez le droit de m'envier ce plaisir. — J'arrivais donc mieux que je n'avais espéré, par un jour de bonne nouvelle (1). Dans ce jour de

(1) *Le Moniteur* du 22 juin annonçait que M. Perdonnet venait d'être nommé directeur de l'Ecole centrale des Arts et Manufactures. C'était la bonne nouvelle que j'avais eu hâte d'apprendre avant ma lecture à un auditoire auprès duquel les savantes conférences

facile indulgence, vous ne m'avez demandé
que ce que j'apportais, vous m'avez ac-
cepté tel que j'étais venu. Vous avez permis à un homme de lettres de ne pas être
un orateur et de vous lire modestement
son ancien feuilleton du lundi. Vous l'avez
encouragé, vous l'avez soutenu de toute
votre adhésion et vous l'auriez rendu trop
fier s'il avait pu éprouver d'autres sentiments que l'émotion et la reconnaissance.

L'émotion se garde : on en est jaloux ; la
reconnaissance a besoin de s'exprimer. Je
vous remercie du fond du cœur non pas
seulement pour moi, mais pour ces bonnes
lettres qu'on a bien raison de cultiver avec
amour puisque vous leur réservez de telles
récompenses !

Maintenant, laissez-moi espérer que
votre indulgence voudra bien me suivre
encore. Ma tâche est devenue plus difficile.

---

de M. Perdonnet ont rendu son nom si justement
populaire. Les bonnes nouvelles sont comme les bons
comptes : elles font les bons amis. Je m'en suis
aperçu.

J'ai parlé du théâtre au point de vue de la moralité; j'en vais parler précisément au point de vue de la littérature, et je me trouverai sur un terrain qui est celui de la Comédie-Française. Oubliez un moment les fonctions que j'ai l'honneur de remplir auprès d'elle. Oubliez l'intérêt d'affection, de dévouement, d'amour-propre, que j'ai lieu de prendre à tout ce qui la touche. Je l'oublie moi-même en voyant où je suis. Au milieu de vous, messieurs, et devant vous, je ne suis encore aujourd'hui que ce que j'étais à notre dernière conférence, un des anciens de la presse périodique, un amateur du théâtre, qui l'étudie depuis vingt-cinq ans et qui a peut-être entrevu le parti nouveau que la classe laborieuse pourrait tirer du théâtre littéraire.

J'aborde donc, il en est temps, un autre ordre de considérations.

La classe ouvrière a sa part dans toutes les gloires de la France.

La gloire de nos armées est bien la sienne; car elle la paye avec son sang. Les morts que fait la guerre lui appartiennent dans une large mesure, et, si l'atelier, si l'usine, la fabrique et la ferme ne semblaient se dépeupler autrefois que pour servir une dîme au canon, nous savons aujourd'hui que le simple soldat gagne aussi des batailles.

La gloire de notre industrie n'est pas seulement le fruit de son travail obscur. Les grandes expositions ne veulent plus ignorer son concours, et le nom de l'ouvrier est inscrit pour la récompense à côté de celui du maître.

La gloire architecturale de nos villes est l'œuvre de ses cent mille bras. Depuis la main qui va chercher la pierre au fond du sol, jusqu'à celle qui pose le faîte de l'édifice et qui sculpte la frise, tout vient d'elle, tout est à elle. Sur un signe, elle a métamorphosé le vieux Paris en aussi peu de temps que Médée a rajeuni le vieil Æson, et

3

elle a généreusement fait une ville de palais, sans songer à elle-même, sans se demander si elle y garderait encore sa mansarde.

Ses enfants sont sur la limite de l'industrie et de l'art, à tel point que les écoles publiques de dessin sont presque un danger pour eux, en les détournant de l'industrie, qui est leur but, et en les aidant, plus qu'il ne faut peut-être, à franchir imprudemment la limite.

Un jour, un homme de dévouement conçut la pensée de fonder des écoles populaires de chant en France. C'était Wilhem, — respect à cette digne mémoire! — Wilhem qui n'espérait peut-être pas lui-même découvrir le génie musical au fond des masses ; mais qui voulait surtout faire une diversion aux mauvaises habitudes de l'oisiveté et lui reprendre une meilleure part de ce salaire de l'ouvrier, trop souvent détourné de la famille.

Vous savez ce qu'est aujourd'hui l'Orphéon. Les simples virtuoses de l'atelier ont poussé l'exécution de la musique chorale au même degré de perfection où l'admirable orchestre du Conservatoire a porté celle de la symphonie.

Lorsque les groupes de l'Orphéon se réunissent et donnent un concert, ce concert est une solennité publique.

Vienne septembre, et de tous nos faubourgs, de toutes nos communes manufacturières, deux mille orphéonistes, pèlerins chantants, le bâton de voyage à la main, s'en iront vers Turin, vers Milan, montrer à l'Italie qui a vu la fougue de nos soldats, comment ces zouaves d'hier, ouvriers aujourd'hui, triomphent encore, sans orgueil personnel, sous le drapeau de la France pacifique.

Initiés par leurs études à la connaissance de l'art supérieur, les orphéonistes ont élevé jusqu'à eux toute la famille du travail journalier. — C'est ainsi que l'éducation des enfants remonte toujours à la famille. — Le répertoire des concerts du

Conservatoire, cette religion d'une petite
église de dilettantes dont la petite salle du
Conservatoire semblait être la véritable
mesure, a été transporté hardiment sous la
vaste coupole du Cirque Napoléon, et tout
d'un coup, ce magnifique amphithéâtre
s'est trouvé trop étroit pour contenir une
église nouvelle qui s'appelait tout simplement la foule.

Dès le premier jour, les chefs-d'œuvre
des maîtres ont été compris. Gluck et Hæn-
del, Haydn et Mozart, Weber et Beethoven ont
été goûtés par six mille auditeurs comme
par six cents, applaudis avec la même
intelligence et avec plus d'enthousiasme.

Le succès instantané des concerts du
Cirque a prouvé que la classe ouvrière était
au niveau de la musique savante. Pourquoi
donc ne serait-elle pas à la hauteur de
notre théâtre classique ? et comment res-
terait-elle étrangère à cette suprême gloire
de la France ?

Il s'est trouvé dans l'histoire de notre

littérature une époque admirable dont la Renaissance avait en quelque sorte été l'aurore, et dont le dix-neuvième aura peut-être vu le couchant, moins pur que le midi, mais non moins radieux.

En ce temps-là trois hommes se sont rencontrés dont rien ne semblait faire prévoir le triple avénement, si ce n'est que le premier ouvrait le chemin aux deux autres.

Il s'appelait Pierre Corneille. Un jour, comme il aimait et qu'il avait vingt-trois ans, il se sentit poëte. Il écrivit un sonnet, puis, pour encadrer le sonnet, il composa une pièce de théâtre, — c'était *Mélite*, — et ce jour-là il créa le vrai style de la comédie élégante et badine.

Ce fut aussi simple que cela. Il habitait Rouen, il continua d'y demeurer comme s'il n'avait rien de lui-même à Paris et comme s'il n'y était pas attiré par un désir de s'y montrer à côté de son œuvre. De vanité, il n'en eut pas davantage ; mais on n'a pas de vanité quand on aime avec respect. Il écrivit d'autres comédies qu'il envoya encore aux comédiens, sans les suivre lui-même. Lorsque l'*Illusion* eut été jouée, — c'était la huitième, — il envoya le *Cid*, et la tragédie était créée.

Tout naissait à la fois et tout naissait à son dernier point de perfection. Deux cent vingt-six ans ont passé sur le *Cid*, et depuis deux cent vingt-six ans le public tressaille encore à ce cri de Rodrigue, qui sera bientôt celui du duc d'Enghien chargeant les Espagnols devant Rocroy et qui semble être celui de l'époque entière :

Je suis jeune, il est vrai; mais aux âmes bien nées
La valeur n'attend pas le nombre des années !

Pareil à ses héros qui se défient tour à tour de répondre dans leurs merveilleux combats d'esprit, qui se pressent sans pouvoir se pousser à bout et qui épuisent à chaque instant l'admiration sans épuiser leur éloquence, quand on se demande ce

que fera Corneille après le *Cid*, Corneille
répond *Cinna*; après *Cinna*, *Polyeucte*;
après *Polyeucte*, le rôle de *Cornélie*, le
premier acte de *Don Sanche d'Aragon*,
*Nicomède*, et même, à travers les défail-
lances de l'âge, le troisième acte de *Psyché*, après lequel vient encore l'amour de
Martian dans *Pulchérie*.

Et M^me de Sévigné ne serait pas restée
fidèle au culte de son vieux Corneille, à
l'enthousiasme de sa jeunesse ! Elle aurait
vu le *Cid*, elle aurait assisté à cette fête
de toutes les âmes, élevées en un jour au-
dessus d'elles-mêmes, de toute une époque
glorifiée par un chef-d'œuvre qui lui res-
semblait en l'exaltant, et elle aurait oublié
cette heure sans pareille, cette révélation
du sublime suivie de tant d'autres révéla-
tions, et tant de vérités conquises, la vérité du dialogue, la vérité des caractères,
la vérité de l'histoire, et une telle variété
de personnages, et le *Menteur* enfin, le
*Menteur* ce *Cid* de la comédie, ce chef-

d'œuvre qui a précédé de seize ans l'*É-tourdi* de Molière !

M^me de Sévigné a été bien inspirée par son esprit et par son cœur en restant reconnaissante au génie de Corneille.

Et cependant à la date du *Menteur*, qui est aussi la date de la conspiration de Cinq-Mars, part dans la suite de Louis XIII, pour le voyage de Narbonne, un jeune valet de chambre du roi, qui s'appelle Poquelin, et qui plus tard s'appellera Molière.

Il a dix-neuf ans. On dit qu'il s'amuse à observer la province en allant arrêter M. le grand écuyer et de Thou son ami ; mais il observe surtout les marquis et la cour. Encore un an, il fera ses études de droit (à Paris ou à Orléans ? peu importe); mais, de toutes les traditions des anciens clercs de la basoche, celle qui lui plaira le mieux est de se faire comédien d'aventure. Sa vocation l'emporte. Le Midi qu'il a déjà vu l'attire de nouveau, et le voilà conduisant aux États du Languedoc

ce qu'on appelait alors une troupe de
campagne. Chemin faisant, il compose des
espèces de parades assaisonnées au gros sel
gaulois ; mais ses visées finiront par se por-
ter plus haut. Il a le goût du théâtre noble
et pur, et joue lui-même les personnages
tragiques avec une complaisance particu-
lière. Un jour enfin, il écrit une comédie
en cinq actes, en vers, imitée de l'Italien.
Il y mêle tant soit peu d'autres emprunts
faits à Quinault, à Plaute et à Térence ;
car il a déjà pour système de prendre son
bien partout où il le trouve ; il écrit encore
une autre grande comédie, à peu près par
le même procédé, et revient à Paris avec
*l'Etourdi* et le *Dépit amoureux* dans son
bagage.

Aujourd'hui, pour ouvrir un théâtre, le
grand point est d'avoir le théâtre (sans compter le privilége, bien entendu) ; les auteurs
et les acteurs viennent d'eux-mêmes. Autrefois, le premier point était d'avoir une
pièce nouvelle et des acteurs. Le théâtre,

toute espèce de salle en tenait lieu. Les jeux de paume servaient généralement à deux fins. Molière avait les acteurs, les pièces aussi; les siennes et celles des autres, car toute pièce imprimée devenait du domaine public; quant à la salle, il visait à obtenir de partager avec les comédiens italiens, un véritable théâtre qui était celui du Petit-Bourbon; il l'obtint « en se donnant à Monsieur, frère unique du roi, » et la troupe de l'hôtel de Bourgogne eut tout de suite à redouter une sérieuse concurrence.

Molière et ses camarades commencèrent par représenter le *Nicomède* de Corneille.

Voilà les deux noms réunis. Et c'est encore une heure mémorable dans l'histoire du Théâtre-Français que celle où Molière, pour conquérir le droit de s'établir définitivement à Paris, joue *Nicomède* devant Louis XIV, et, hasardant une de ses petites comédies, *le Docteur amoureux*, débute modestement comme auteur à l'ombre du grand Corneille (1).

Qui l'eût dit que, derrière *le Docteur amoureux*, il y avait *les Précieuses ridicules*, *l'Ecole des femmes*, *Tartuffe*, *le Festin de Pierre*, *le Misanthrope*, *Amphitryon* et *les Femmes savantes?*

Corneille et Molière, n'est-ce donc pas le théâtre assez complet, assez beau, assez excellent dans toutes les parties? Et que faut-il de plus pour achever la gloire littéraire du grand siècle?

Il faut que Molière fasse un ingrat. Il faut que, six ans après la représentation de *Nicomède* et du *Docteur amoureux*, Molière tende généreusement au jeune Racine cette loyale main qui ne manquera pas au vieux Corneille.

Racine paraît. Les muses profanes se réjouissent de l'avoir enlevé aux muses

---

(1) La représentation de *Nicomède* et du *Docteur amoureux* eut lieu au Louvre le 24 octobre 1658, et la troupe de Monsieur commença à représenter *en public*, suivant l'expression de Lagrange, *le Jour des Trépassés*, 3me *novembre* 1658.

austères de Port-Royal et de la Solitude.
La maison qui l'a élevé gémit et le condamne. Une passion, une fièvre, un orage
est sorti du saint désert; mais, en même
temps, — oserai-je ici penser tout haut?
— Un esprit de trouble et d'agitation a
soufflé sur la famille littéraire. Molière se
repentira bientôt d'avoir attiré à son théâtre
un auteur impatient, inquiet, qui intrigue
en dessous et lui enlève sa meilleure actrice
pour la faire passer avec la tragédie
*d'Andromaque* à l'hôtel de Bourgogne.
Corneille rencontrera un rival heureux et
jaloux qui ne lui pardonnera pas même,
à ce vieillard vaincu, de s'appeler encore
le grand Corneille. Mais, quoi? l'homme
de génie n'en est pas moins un homme, et
ses faiblesses, qu'il faut lui pardonner,
sont l'aiguillon de son génie. Si Racine
est ingrat, c'est que rien ne peut lier celui qui se jette en aveugle au-devant de
son avenir. S'il est injuste, c'est qu'il n'a
pas encore assez des applaudissements de

la jeunesse frémissante, et qu'il s'irrite de ne pouvoir détrôner l'auteur d'*Horace* dans la mémoire de ses admirateurs.

Demandez d'ailleurs le respect de ce qui les précède à ceux qui viennent pour le détruire en s'y substituant !

Car c'est là l'ambition de Racine, et cette ambition ne s'est pas développée en lui avec le progrès de sa carrière. Il l'a eue dès le moment où il a fait sa première pièce, dès le moment où, dans le bureau de son oncle Vitart, il a composé sa tragédie d'*Amasie* entre les comptes, les factures et les baux de la maison de Chevreuse.

L'*Amasie* écrite, restait qu'elle fût jouée. On avait des intelligences dans le théâtre du Marais. M. Le Vasseur, un des amis de Racine, était lié avec Mᶜˡˡᵉ Roste. Il avait reçu la confidence de la tragédie, et Mˡˡᵉ Roste devait sans doute y jouer le principal rôle. Une lecture préliminaire eut lieu chez elle. Laroque, l'orateur et le bel esprit dirigeant du théâtre, fut invité à l'entendre. Il accepta le rendez-vous ; il y vint, et d'ailleurs tout se passa dans les règles. Grands applaudissements, — de M<sup>lle</sup> Roste surtout. Laroque ne fut pas moins élogieux ; seulement il demanda le manuscrit pour le revoir en son particulier, et, quand il l'eut revu dans un milieu moins favorable, moins séduit lui-même ou plus sincère, il écrivit à M. Le Vasseur avec tous les ménagements ordinaires du genre, que l'*Amasie* était refusée.

Dépit de Racine. Il avait vingt et un ans ; mais l'âge ne fait rien à l'affaire. Aujourd'hui, ces chagrins-là s'exhalent dans les journaux. En 1660, faute de journaux, ils ne s'exhalaient encore que dans la correspondance privée, et voici ce que Racine écrivait à son ami Le Vasseur :

« Je vous envoie, monsieur, une lettre que M. Laroque vous écrit, qui vous apprendra assez l'état où sont nos affaires, et combien il seroit nécessaire que vous ne fussiez pas aussi éloigné de nous. Cette

lettre vous surprendra peut-être : mais
elle nous devoit surprendre bien davantage, nous qui avons été témoins de la
première réception qu'il a faite à la pièce.
Il la trouvoit tout admirable, et il n'y
avoit pas un vers dont il ne parût être
charmé. Il la demanda après, pour en
considérer le sujet plus à loisir, et voilà le
jugement qu'il nous envoie ; car je vous
regarde comme le principal conducteur de
cette affaire. Je crois que M^{lle} Roste sera
bien plus surprise que nous, vu la satis-
faction que la pièce lui avoit donnée. Nous
en avons reçu d'elle tout autant que nous
pouvions désirer ; et ce sera vous seul qui
l'en pourrez bien remercier, comme c'est
pour vous seul qu'elle a tout fait. Je ne
sais à quel dessein Laroque montre ce
changement. M. Vitart en donne plusieurs
raisons et ne désespère rien. Mais, pour
moi, *j'ai bien peur que les comédiens
n'aiment à présent que le galimatias,
pourvu qu'il vienne du grand auteur;* car

je vous laisse à juger de la vérité de ce qu'il dit sur les vers de l'*Amasie*. »

« Le galimatias du grand auteur ! »

Vous l'avez entendu. Ces jeunes poëtes qui n'en sont encore qu'à leur *Amasie* ou à leur *Ode sur la Paix*, sont sans pitié comme l'enfance.

Eh bien ! tant mieux ! Si Racine s'inclinait respectueusement devant Corneille, que croirait-il avoir à faire que de l'imiter, d'en être par conséquent un décalque affaibli ? Et vous savez si Racine a jamais imité Corneille.

Il n'est pas venu le premier ; peut-être d'ailleurs n'était-il pas fait pour venir autrement que le second ; mais il a aussi sa nature propre et son tempérament particulier. Il sera au moins le premier d'une école nouvelle. Il sait ce qu'il veut et ce qu'il ne veut pas. Ce qu'il dira un jour, Corneille ne l'a jamais dit, et le théâtre qu'il porte dans son esprit, il le met au dessus d'*OEdipe* et de *Per-*

*tharite*, au-dessus de *Don Sanche d'Aragon*, oui, au-dessus du *Cid* lui-même, autant qu'il met le quatrième livre de l'*Énéide*, l'admirable chant de l'amour et du désespoir de Didon, au-dessus de Lucain et de Sénèque le Tragique.

Lorsque le grand Corneille sera mort et qu'un devoir d'académicien appellera l'auteur de *Phèdre* a prononcer l'éloge de son illustre confrère, Racine voudra le louer magnifiquement, ainsi qu'on loue les morts. Il le fera avec dignité, avec émotion, avec un respect et une admiration que la circonstance, que le regret public, que son propre renoncement au théâtre, sa piété, le sentiment même d'une ancienne injustice, rendront attendris et sincères ; mais, jusque-là, il se sera défendu de l'aimer et de le comprendre, de peur d'être détourné de son but.

Leurs esprits n'ont rien de commun. Ils ne sont pas d'une même patrie intellectuelle. Racine est grec et Corneille est romain.

Si j'osais le dire, mais cela n'expliquerait pas une antipathie aussi profonde, ils ne sont pas non plus du même sexe. L'un est plus femme, même lorsqu'il fait parler les hommes ; l'autre est tout homme, même lorsqu'il fait parler les femmes.

L'un a son génie dans sa haute et inflexible raison, l'autre dans une sensibilité fiévreuse, tendre, moins tendre cependant qu'on ne croit, mais susceptible, ardente et emportée.

Corneille ne veut de l'amour que pour l'offrir en victime au devoir. Si Racine introduit le devoir dans sa pièce, où il lui fait à peine une place, ce n'est que pour le donner en proie et en trophée à l'amour.

L'amour dans Corneille ne va que jusqu'où il faut pour ennoblir le cœur par un grand sacrifice. L'amour, dans Racine, va jusqu'au délire et aux fureurs de la passion.

La Bruyère l'a dit, et tout le monde l'a répété : « Corneille nous assujettit à ses

caractères et à ses idées ; Racine se con-
forme aux nôtres : celui-là peint les hommes
comme ils devraient être, celui-ci les peint
comme ils sont. Il y a plus dans le premier
de ce que l'on admire et de ce que l'on doit
même imiter ; il y a plus dans le second
de ce que l'on reconnaît dans les autres
ou de ce que l'on éprouve dans soi-même. »

S'il était permis de se servir d'un bar-
barisme, même pour être mieux compris,
quand on parle de Racine, je traduirais à
la moderne l'élégante analyse de La
Bruyère, et je dirais qu'il est le prince de
l'école réaliste.

Ses deux premières tragédies ne laissent
pas encore entrevoir où il va. La première,
*la Thébaïde ou les Frères ennemis*, est une
pièce de commande. Molière lui en a indiqué le sujet, et il le traite comme un
thème donné, s'aidant de ce qu'il trouve,
afin d'être joué plus vite.

Le sujet d'*Alexandre* ne lui appartient
pas davantage. Il n'a pas voulu retomber

dans les horreurs de la famille d'Œdipe, et Boileau (1) lui a indiqué le héros du moment, celui que la jeunesse de Louis XIV et le pinceau de Le Brun ont mis à la mode.

*Andromaque* est son *Cid* à lui. Il y dépasse son début d'aussi loin que Corneille a dépassé le sien. Il y entre avec tout lui-même, et cette Hermione égarée, éperdue, cet Oreste, ce Pyrrhus, ces trois amants qui aiment à la fureur parce qu'ils ne peuvent pas être aimés, sont déjà un défi indirect jeté à l'idéal et au surhumain de Corneille.

Dans *Britannicus* le défi est direct :

---

(1) « M. Despréaux invita M. Racine à suivre une autre route que Corneille qui n'avait mis sur le théâtre que des sujets romains. « Prenez, lui dit M. Despréaux, les héros de la Grèce. » Il lui indiqua Alexandre le Grand qui fut le sujet de la seconde tragédie. » (*Correspondance entre Boileau Despréaux et Brossette*, publiée par Auguste Laverdet. Appendice, p. 520.)

Ce n'était pas Racine qui craignait de se rencontrer avec Corneille ; c'était Boileau qui avait peur pour son ami.

Romains contre Romains! Après *Horace*
et *Cinna,* il semblait que le Romain fût à
Corneille. Il l'avait tiré de son âme héroï-
que comme Jupiter avait tiré Minerve de
son cerveau. Il l'avait inventé et créé.
Rome, pouvait-il dire aussi bien que son
Sertorius,

> Rome n'est plus dans Rome, elle est toute où je suis.

Racine vient replacer la Rome véritable
à côté de celle de Corneille.

Par une fortune singulièrement rare
pour ce temps, nous avons le compte
rendu de la première représentation de
*Britannicus.* Boursault l'a fait. Il l'a écrit
en manière de prologue au-devant d'une
nouvelle de sa façon intitulée *Artémise et
Poliante.*

Boursault n'est pas des amis de Racine,
au contraire. Il traite la pièce aussi cava-
lièrement que ferait un feuilleton de nos
jours, si elle était nouvelle. Il badine, il
se moque. Il le prend avec elle sur un ton

d'enjouement qu'il voudrait rendre dégagé;
mais à travers son persiflage on sent bien
la physionomie de la salle et l'intérêt agité
de la représentation.

L'affluence toutefois n'était pas aussi
considérable qu'on aurait pu le prévoir.
Boursault en donne la raison : il y avait ce
jour-là exécution capitale, et, pour peu que
les exécutions eussent lieu à la même heure
où elles avaient encore lieu de nos jours
sur la place de Grève, elles devaient coïn-
cider avec l'ouverture du théâtre, puisque
Boursault sortit de l'hôtel de Bourgogne,
après le spectacle, à sept heures du soir.

S'il n'eût été question que d'un pauvre
diable à mettre à la potence, les bourgeois
de la rue Saint-Denis, qui formaient le
public ordinaire des premières représentations, c'est toujours Boursault qui le dit
(public payant, par parenthèse), n'auraient
pas pris la peine de se déranger. On ne
voyait autre chose à tous les coins de rues.
Mais il s'agissait du marquis de Courboyer

dont le bourreau certifiait la noblesse en le décapitant. Spectacle pour spectacle, le marquis de Courboyer avait eu la préfé- rence, et, en définitive, la représentation de *Britannicus* n'intéressait pas les bour- geois de la rue Saint-Denis au même degré que les confrères de Racine, puisque c'était ceux-ci qu'elle menaçait, disait-on, de désespoir et de mort violente.

Corneille était dans une loge, et il y était seul. J'aime à voir qu'il ne se cachait pas. Tout le monde n'était pas aussi brave. Le banc formidable qu'on appelait le banc des auteurs resta vide pendant toute la pièce. Ces messieurs s'étaient disséminés de peur d'être reconnus. Le troisième acte les rassura. La panique reprit au qua- trième; mais le cinquième leur sauva la vie.

« Les connoisseurs, dit Boursault (et ce sont probablement les auteurs), en trou- vèrent les vers fort épurés; mais Agrippine leur parut fière sans sujet, Burrhus vertueux sans dessein, Britannicus amoureux sans jugement, Narcisse lâche sans prétexte, Junie constante sans fermeté et Néron cruel sans malice. D'autres, qui pour les trente sous qu'ils avoient donnés à la porte (1) crurent avoir la permission de dire ce qu'ils en pensoient, trouvèrent la nouveauté de la catastrophe si étonnante et furent si touchés de voir Junie, après l'empoisonnement de Britannicus, s'aller rendre religieuse de l'ordre de Vesta, qu'ils auroient trouvé cet ouvrage une tragédie chrétienne, si on ne les eût assurés que Vesta ne l'étoit pas. »

La dernière malice porte juste ; mais, à l'exception de cette faute contre les mœurs, Racine s'était tenu dans la réalité du détail historique. Après *Britannicus*, c'était de lui qu'on aurait pu dire qu'il avait eu des

---

(1) On voit que le prix des places était doublé, car nous savons que le parterre était à quinze sous :

Un clerc, pour quinze sous, sans craindre le holà,
Peut aller au parterre attaquer *Attila.*

mémoires particuliers sur la vie des Romains. Corneille n'avait eu que l'épopée de leur histoire.

Dégageons-nous, s'il se peut, de nos habitudes de jugement et de ces impressions générales que nous avons reçues sans contrôle. Essayons de nous placer en face de *Britannicus* dans la même disposition d'esprit que le public de la première représentation.

Spectateurs du dix-septième siècle, nous sommes tout pleins des fiers accents du vieil Horace et de son fils, de Sertorius, de Viriate et de l'inflexible Emilie. Hier encore, Flaminius, se redressant contre les défis de Nicomède, rendait sans être contredit ce victorieux témoignage à la vertu romaine :

Mais on ne voit qu'à Rome une vertu si pure,
Le reste de la terre est d'une autre nature.

Et maintenant, voici la Rome inattendue qui se présente devant nos yeux ; ce n'est

plus ni la ville austère des premiers rois,
ni la ville enchantée par la poésie et apai-
sée par la clémence, qui se livre volon-
tairement à Auguste, c'est la ville du ver-
tige et des excès monstrueux qui commen-
cent la vengeance du monde, la ville des
empoisonneuses et des affranchis, la Rome
de Narcisse et de Locuste.

Agrippine, veuve de Domitius Œnobar-
bus et mère de Néron, a épousé l'empereur Claude dont elle s'est défaite par un
crime mal caché. Veuve pour la seconde
fois, maîtresse du palais, maîtresse de
l'armée, elle a mis Néron sur le trône où
devait monter Britannicus, le fils de Claude
et de Messaline.

Jusqu'ici, docile à ses précepteurs et
soumis à sa mère, Néron s'est contenté du
second rang dans l'empire. Agrippine ne
s'y trompe pas cependant, cette soumission
tourne à l'impatience, et bientôt Néron ne
voudra rien souffrir au-dessus de lui, pas
même le front longtemps adoré de sa mère.

Rome vante encore sa bonté et sa vertu;
mais sa bonté n'est que la douceur des
jeunes lions. L'heure va venir où s'éveil-
leront ses fauves instincts. L'heure est venue. Son sang s'allume. Il aime à la façon
des bêtes de proie. Il veut aimer et ne
souffre pas qu'on le contraigne. Malheur à
qui essayerait de lui faire obstacle! Agrippine l'a marié jadis à Octavie, la sœur de
Britannicus; mais avec Octavie, il a le
divorce. Junie, — c'est sur Junie qu'il
a jeté les yeux, — est fiancée à Britannicus, son frère; avec Junie, il a le rapt.
Cette nuit même, un gros de soldats a
transporté Junie au palais.

Quelle autre résistance? Celle de Britannicus et d'Agrippine? Mais Britannicus
ne lui semble pas fait pour lui disputer
longtemps un cœur bientôt séduit par les
soins de l'empereur et par les charmes de
l'empire.

Sa mère seule l'inquiète et le gêne.
Il se sent faible devant elle par une ha-

bitude de respect et de crainte. Néron n'a pas encore assez résolûment rompu tous les liens qui l'ont retenu jusqu'à ce jour, pour qu'on ne puisse encore le retenir par là, et Agrippine, qui ne demande qu'une heure d'entretien avec lui, après cette heure d'entretien, se flatte hautement de l'avoir ramené sous sa tutèle.

Burrhus aussi l'ébranle en l'attendrissant et semble reconquérir son élève à la vertu ; mais Narcisse, le conseiller du mal, l'ennemi de Burrhus et de tous les gens de bien, a dans le cœur de Néron de trop fortes intelligences. Tout conspire avec Narcisse : Junie qui s'obstine à repousser les vœux de son ravisseur ; Britannicus, que Néron lui-même a surpris aux pieds de Junie ; Agrippine, qui abuse imprudemment de sa dernière victoire ; Néron enfin, qui ne peut plus mentir à sa nature et qui doit être un jour l'exécrable Néron.

Il faut que les destins s'accomplissent. Il faut que le fils de Domitius débute dans

le crime. Britannicus mourra; le poison
est déjà prêt. Locuste l'a composé
et Narcisse amène Locuste. Néron ne
s'en défend plus. Il n'a plus d'ailleurs
qu'à dissimuler. Un festin de réconcilia-
tion rapproche les deux frères, et, tandis
qu'Agrippine triomphante compte ses ennemis pour les perdre, Britannicus tombe
foudroyé par le poison que lui verse Narcisse.

Tout s'écroule. Impuissante, épouvan-
tée, Agrippine n'a plus que sa malédic-
tion à lancer contre son fils. Elle est con-
damnée, elle le sent, et le regard haineux
que lui jette Néron lui fait au cœur le froid
d'une épée.

Ce qu'il y a de nouveau là-dedans, ce
n'est pas le crime, ce n'est pas la haine;
en fait de haine, Corneille avait depuis longtemps planté ses colonnes d'Hercule, il
avait créé Cléopâtre dans *Rodogune*.

Je hais! Je règne encor!...

Mais le crime et la haine, dans *Rodogune*, ont une grandeur qui les met en dehors de la nature. L'admiration dissimule
l'horreur. Tout cela se passe dans un
monde colossal devant lequel nous nous
tenons frappés et exaltés, sans reconnaître, sans partager des impressions qui ne
répondent pas aux nôtres. Ici, nous retrou-
vons notre mesure. Les hommes sont à notre
taille, et quand ils ne seraient pas même à
la taille de l'histoire officielle, Racine ne
s'en excuserait pas; ce n'est pas là qu'il a
visé. « Il ne s'agit point, dans ma tragédie,
des affaires du dehors, dit-il lui-même;
Néron est ici dans son particulier et dans
sa famille. »

C'est Tacite et c'est peut-être encore plus
Suétone qu'il a mis sur la scène. C'est la
chronique familière; c'est le passé, mais
rapproché du présent qui l'interprète et qui
l'éclaire; c'est l'histoire ranimée par un
souffle du temps nouveau et remise en
mouvement par un ressort de comédie.

Qu'est-ce donc que *Britannicus?* Une
comédie d'une élégance suprême, et telle
que l'élégance est accoutumée aux personnes
souveraines, avec des éclats de passion et
un dénoûment tragique. Agrippine et Burrhus touchent sans doute à la tragédie, l'un
par la gravité de ses conseils, l'autre par
les intérêts et les desseins soutenus de la
politique ; mais Néron qui joue au César
devant sa cour et qui la congédie d'un geste
impérial pour mettre une confidence de
jeune homme dans l'oreille de Narcisse ;
mais ce ravisseur couronné qui débute par
un coup de main dans la carrière des in-
trigues, ce prince chanteur, ce prince poëte,
vainqueur à tous les jeux, qui veut séduire
Junie et qui l'enveloppe de toute la ca-
resse de sa voix, de toute la séduction de la
galanterie, ce Valère dédaigné qui se craint
et qui s'arrange pour faire éconduire à moins
de bruit son heureux rival par celle qui
l'aime ; cette ruse de théâtre, ce piége
tendu, ce Narcisse, valet à deux maîtres

qui sert Britannicus et qui se vend à Néron,
qui va de l'un à l'autre ; beau parleur,
homme d'expérience en fait de vie élégante
et de conquêtes amoureuses, conduisant
l'intrigue, apprêtant le poison avec un
sourire, et justifiant le fratricide avec sa
spirituelle ironie ; tout cela, c'est de la
comédie d'un ordre particulier et curieux
dont la tragi-comédie elle-même n'avait
jamais donné l'exemple.

Que dut penser Corneille au fond de
la loge où l'aperçut Boursault ?

Racine, dans sa première préface de
*Britannicus*, l'accuse ouvertement de ca-
bale, pauvre et grand Corneille ! Il le fla-
gelle durement sur le dos de ce vieux
poëte malintentionné dont se plaignait
Térence « et qui venait briguer des voix
contre lui, jusqu'aux heures où l'on re-
présentait ses comédies. » Non ! Racine ne
l'a pas vu. Non ! Racine a été mal informé.
Corneille n'a jamais brigué des voix contre
lui ; mais, dans son étonnement, il aura

demandé sans doute à ceux qui l'abordaient si c'était là la tragédie telle qu'il l'avait créée, ou s'il s'était trompé lui-même et s'il avait trompé son siècle avec lui ?

Personne ne se trompait. Corneille avait créé, Racine créait à son tour, l'un *le romain*, l'autre *l'humain*.

Et quand on y regarde de plus près, il est impossible de ne pas reconnaître dans l'auteur d'*Andromaque* et de *Britannicus* un inventeur dramatique aussi hardi, aussi spontané, aussi sympathique, aussi souple qu'il en puisse exister. Il a si bien fondé un théâtre nouveau, qu'il a été l'origine et le modèle de tout ce qui est venu après lui jusqu'aux premières années de ce siècle.

Toute la littérature dramatique du 18e siècle est sortie de son théâtre. Toute la langue poétique du 18e siècle est un écho affaibli de sa langue mélodieuse. Corneille et Molière sont bien loin d'avoir la même

influence. Corneille passe pour un préjugé
dans l'école encyclopédique. Marmontel
l'attaque en face, et Voltaire, qui dote sa
nièce, le commente malicieusement pour
l'achever.

Corneille et ses héros sont des énergumènes,

dit le Callidès de Dorat, la personnification
de Marmontel et le héros de la comédie du
*Tartuffe littéraire.*

Nous avions bien besoin de ses vertus romaines !
Il n'est rien de plus sot qu'un peuple conquérant,
Et c'est là ce qu'il peint, en nous l'exagérant.
Il a fait, si l'on veut, des scènes tolérables ;
Mais son style a vieilli, ses plans sont misérables,
Et, comme enfin du style on est surtout frappé,
Racine monte au rang qu'il avait usurpé !

C'est le mot d'ordre. Il est bien suivi
partout ; mais, sans y prendre garde, en
condamnant Corneille on condamne aussi
Molière. Corneille et Molière sont deux
écrivains de même sang. Armande des
*Femmes savantes* est de la famille de Mélite, et Alceste, le misanthrope, descend de

Nicomède, par don Garcie de Navarre, dont il a gardé tant de traits.

Lisez la tragédie de *Psyché*, où l'auteur de *l'École des femmes*, désespérant d'achever assez vite, a passé la plume à l'auteur de *Cinna*. Si Molière n'avait pas pris soin de marquer l'endroit où finit son travail, où commence celui de son illustre collaborateur, les plus habiles courraient risque de s'y méprendre et d'attribuer à Corneille les accents désespérés du roi pleurant sur sa fille, à Molière la scène délicieuse où le cœur de Psyché la trahit en débordant de joie et où des paroles inconnues montent, sans qu'elle le veuille, aux lèvres de cette Agnès transfigurée !

Pas une scène, je dis plus, pas un vers peut-être de Racine ne pourrait être attribué à Corneille ou à Molière.

Il est de leur temps, et il n'en est déjà plus. Il est déjà de l'avenir ! Magnifique éloge, si cet avenir n'avait pas ses limites. D'un côté, la langue tragique de Racine

vieillit tout d'un coup la langue de Corneille et semble la rejeter un siècle en ar-
rière. ; de l'autre, la seule comédie qu'il
compose en se jouant, passe par dessus
Molière et fait école, presque jusqu'à *la
Ciguë*. Ici, seulement, une autre révolution littéraire s'accomplit. Emile Augier,
Ponsard, Aug. Vacquerie, Édouard Foussier,
Louis Bouilhet, Amédée Rolland, Paille-
ron, remontent à la tradition de Molière.
Casimir Delavigne et *l'École des vieillards*
descendaient encore des *Plaideurs* et de
Racine.

Quoi qu'il en soit de ces vicissitudes, ne
marchandons pas avec les grandes gloires
et honorons-les toutes.

Corneille, Molière et Racine, la plus
haute, la plus juste, la plus pénétrante expression de la grandeur, de la vérité, de la
passion humaine, par une incroyable pré-
dilection du ciel, le siècle de Louis XIV a
eu tout à la fois, tout de premier début.
Et, à côté de ces génies incomparables,

que de talents dans tous les genres et à tous les degrés, même à ceux qui se rapprochent du génie : Rotrou, ce second de Corneille, comme Regnard est le second de Molière, Thomas Corneille, Scarron, La Fontaine, Quinault, Benserade, Boursault, Cyrano de Bergerac, Montfleury, Hauteroche, Champmeslé, les deux Poisson, Pradon lui-même, dont le plus grand tort a été de faire un jour trop de bruit, Baron, Dancourt, Brueys et Palaprat, ouvriers de la dernière heure! Du reste, l'œuvre du théâtre ne s'arrêtera plus en France. La tragédie seule n'aura plus qu'un moment d'éclat, entre Crébillon, qui la fait encore parler par moments dans l'airain du masque antique, et Voltaire qui la rend cosmopolite, qui la promène à travers tous les pays, sous les costumes de tous les temps, réclamant les droits de l'humanité dans des improvisations éblouissantes. Mais, comme Voltaire lui-même, à la représentation de son *Irène*, ce dernier éclat l'épuise en la couronnant. Elle tombe au milieu de son triomphe. L'abeille, dit-on, meurt en laissant son dard dans la piqûre. La tragédie meurt en laissant son poignard au cœur de l'ancienne société. La révolution qu'elle a préparée s'achève; mais il ne lui sera pas donné de survivre à ce qu'elle a détruit. Il y avait un poëme dramatique célèbre parmi les peuples depuis Eschyle et dont Voltaire a fait une arme de guerre ; mais, pour en faire une arme de guerre, il l'a dénaturé ; et les poëtes qui sont venus plus tard, — je m'arrête au siècle où nous sommes, — n'en ont pas retrouvé le secret.

Ce secret est bien simple cependant, — à indiquer du moins, si ce n'est à mettre en pratique.—Tragédie ou comédie, l'objet de toute œuvre théâtrale, c'est de montrer l'homme à des hommes assemblés et à la vie elle-même l'image de la vie. Corneille et Racine n'y ont pas manqué dans deux ordres de vérité différents : l'un, dans l'ordre de la vérité supérieure, idéale et élevée à la dignité de règle certaine ; l'autre, dans l'ordre de la vérité naturelle, moins pure, moins idéale, mais élevée à la dignité de chef-d'œuvre par la force de l'exécution. C'est l'idéal, c'est l'élévation qui ont trompé les tragiques à la suite. Ils ont visé à l'élévation, et ils se sont trompés. Il ne faut pas la chercher hors de soi, il faut l'avoir en soi. Tout le mystère est là, si c'est un mystère.

Mettez-vous devant le vrai, essayez de le traduire et soyez forts, vous produirez le grand.

Mettez-vous devant le grand (mais où est-il ? Et vous courez déjà le risque de vous placer devant une traduction !), essayez de le rendre et soyez timides, vous ne produirez pas même le vrai, vous ne produirez que le faux.

Au-dessous des chefs-d'œuvre impérissables, la tragédie mal imitée a péri par ce qu'il y a de plus vide et de plus insignifiant au monde, la fausse élévation.

La comédie a eu moins de peine à ne
pas s'égarer. Ce n'est pas que la vérité fût
plus près de l'écrivain comique ; mais il se
croyait plus près d'elle, et c'est beaucoup.
Il ne s'est pas ingénié à la chercher
trop loin et où elle n'était pas. Pour peu
qu'il ait eu de bonne humeur et d'esprit,
les deux choses qui manquent le moins en
France ; pour peu qu'il ait regardé gaie-
ment et naturellement autour de lui, il a
trouvé quelque petite aventure, quelque
travers aisément arrangé pour la scène,
quelque occasion d'être plaisant et léger,
de mettre une maligne réplique à la bou-
che de Marton, une bonne effronterie à celle
de Crispin, de Lucas ou de Champagne.
C'est le fond de ce théâtre amusant où
s'égaye de si bon air la verve de Dufresny,
de Legrand , de Danchet et des deux
Poisson.

Il ne faut pas tant d'art pour faire une
pochade d'après nature. Le plus simple
crayon, pris lestement sur le vrai, garde

toujours une attitude, un mouvement, une
expression qu'aucune habileté ne rem-
place.

La grande comédie demande une autre
force de conception ; mais le procédé est
encore le même : viser au vrai et faire le
grand sans y penser.

Regarder son temps, comme Lesage ; se
sentir au cœur une irritation sourde ;
souffrir de l'impudence des parvenus, et
de l'insolence des valets qui parviendront
comme leurs maîtres ; ronger longtemps sa
colère; admirer la lâcheté publique, ce patrimoine des fripons de tous les temps,
l'abaissement général, les ricochets du vice
sur le vice, le traitant qui ruine tout le
monde, la baronne qui ruine le traitant,
le chevalier qui ruine la baronne, et Fron-
tin qui ruine le chevalier; éclater enfin ;
dire à cette décadence ce qu'elle est, ce
qu'elle sera, et la faire rougir d'elle-même
en lui montrant le despote du jour, ce
tyran imbécile qui se nomme Turcaret et

qui répand l'or de ses vols par toutes ses poches coupées.

Ou bien encore, — l'art gracieux touche au grand art, — trouver, comme Marivaux, que la vie est assez bonne dans une compagnie d'honnêtes gens sans affaires et qui se font une délicate affaire de l'amour; aimer dans une mesure charmante qui occupe assez le cœur pour ne pas lui laisser d'ennui, sans trop déranger son repos; suivre ce cœur qui se dirige à son gré et ne va pas plus loin que la tendresse; l'étudier; le surprendre dans ses mouvements qui se trahissent à peine et qui simulent en petit le véritable amour; chercher une langue pour les nuances de cet état particulier qui est la galanterie du sentiment ou la sincérité de la galanterie; la trouver, l'écrire avec un soin élégant, y mêler le rire argentin de Lisette, les maladresses d'Arlequin, l'intrigue de Dubois, le flegme de l'Epine, donner de l'esprit à tout le monde, et faire *l'Épreuve nouvelle, le Legs, le*

*Jeu de l'Amour et du Hasard* et *les Faus-*
*ses Confidences;*

Se mettre hardiment en scène comme
Beaumarchais ; s'inquiéter médiocrement
des mœurs, et pour cause ; secouer hardiment
l'échelle de la hiérarchie sociale ; jouer la
noblesse et la magistrature ; réclamer un
droit d'impunité pour l'esprit en atten-
dant qu'il prenne son droit d'aînesse ; glo-
rifier l'audace ; exploiter le scandale ; parodier ses procès ; raconter son histoire
pour la raconter, et sans prétendre au fond
qu'elle soit celle d'un galant homme ; cri-
bler ses ennemis de sarcasmes ; faire feu
sur tout, parce qu'il faut que tout tombe,
et écrire *le Mariage de Figaro*, ce prodi-
gieux factum en cinq actes, ce pamphlet
dramatique, ce chef-d'œuvre d'habileté,
d'intrigue, de passe-passe et d'étourderie :

Tout cela, tout ce répertoire du Théâtre-
Français, ce n'est pas seulement de la comédie, c'est notre histoire morale écrite
depuis deux siècles page à page. Ce sont

les mémoires particuliers de l'homme
commencés par une plume inconnue et
auxquels tout le théâtre à venir ajoutera
çà et là un feuillet. Cette histoire-là vaut
bien l'autre. Il n'est guère plus permis
de l'ignorer. Elle entre dans cette part de
l'éducation attrayante que chacun se complète en dehors des écoles et dont la classe
ouvrière n'a pas non plus le droit de se
défendre.

Quoi donc ! il y aura un théâtre immor-
tel, mieux qu'un théâtre, un monde, le
monde de Molière, et la classe ouvrière ne
chercherait pas à pénétrer dans ce monde,
avec lequel vivent en familiarité tous ceux
qui ont eu le bonheur d'élever leur intelligence !

L'histoire proprement dite est une ex-
cellente étude ; je ne le nie pas. Il est bon
de connaître par leurs noms et par leurs
actes tous ceux qui ont été pour quelque
chose dans les prospérités ou dans les mi-
sères du pays, ceux qui se sont dévoués,

ceux qui ont vaincu, ceux qui ont subi la
défaite et qui ont tout perdu fors l'honneur,
ceux même qui ont trahi, ceux qui ont
fondé par les armes, par le sang, par la
force des lettres l'unité de la nation française; mais je vous assure qu'il est bien
doux aussi de connaître par leurs noms,
par leurs figures, par leurs costumes, par
tout ce qu'ils ont fait, par tout ce qu'ils
ont dit, ces personnages nés du génie et
de l'art, plus réels, plus vivants, après deux
siècles, que les personnages qui ont passé
sur la terre et dont le temps a consumé
la dépouille.

Que n'a-t-on pas contesté en fait d'exis-
tences historiques? L'un a nié Homère, et
l'autre toute la série des rois romains de
Romulus à Tarquin le Superbe.

En savons-nous plus de Pharamond et
de l'origine de la monarchie française?

Les faits les plus récents et les plus rap-
prochés de nous, sommes-nous bien cer-
tains de les connaître? De deux témoins

en histoire, celui-ci dit oui, celui-là dit non ; le troisième met un doute au milieu.

Avec le monde créé par Molière, il n'y a pas de place pour le doute. On ne nie pas Alceste ni Célimène, on ne nie pas Harpagon ni Tartuffe. Ils vivent. Ils vivent plus qu'ils n'ont jamais vécu : ils ont deux siècles d'immortalité !

Chaque jour leur histoire recommence, et elle recommencera éternellement. Elle est l'entretien des esprits cultivés. Ils l'ont étudiée depuis qu'ils lisent et ils l'étudieront encore. C'est en elle qu'ils communient ; c'est par elle que plusieurs se sont liés d'une sympathie mutuelle. Séparés sur d'autres points, ils se rapprocheront toujours sur celui-ci. Quand ils parlent d'Elmire, ils parlent de la vertu dans la grâce, dans la mesure parfaite de l'enjouement, de la raison, de la discrétion et de la fermeté. Quand ils parlent de Tartuffe, ils parlent de l'hypocrisie doucereuse et béate qui ne peut mentir qu'à Orgon ou à

Mᵐᵉ Pernelle et qui n'a pas besoin de faire
sonner si haut sa haire avec sa discipline,
ayant la pourpre du sang à l'oreille et
sous son teint fleuri. Le nom d'Alceste ne
vient pas sans celui de Célimène. Ils sont
le couple admirable et impossible : l'un
grand seigneur dans toutes ses manières,
sincère et loyal jusqu'à l'héroïsme, et au
delà peut-être ; l'autre, charmante, adora-
ble, accomplie : vingt ans et l'esprit le plus
fin, le plus vif, le plus prompt à dessiner
un portrait en trois mots ; mais Alceste
veut être aimé comme il aime, et Célimène
n'aimera jamais. Il est passionné, il est jaloux, et elle est coquette. Il fait bien de la
fuir jusqu'au fond d'un désert : elle n'a pas
de cœur.

Arnolphe aussi veut être aimé. Mais
non, ce n'est pas là tout à fait ce qu'il demande. Il a quarante-deux ans, il veut se
marier et prendre ses précautions contre
un accident trop commun aux maris de sa
connaissance. Une femme d'esprit, il n'en

veut pas. De l'esprit, bon Dieu! c'est
bien assez de la malice ordinaire au
sexe qui porte la cornette. Mais il dé-
couvre quelque part une enfant sans malice, voilà son fait; il l'élève à son gré,
il l'abêtit de son mieux. Seulement Agnès
a un cœur; l'esprit lui vient par là. Elle
voit Horace et trouve le moyen de s'échap-
per avec lui.

Que dirai-je? Je ne passerai pas en revue
toutes ces figures ou amusantes ou gro-
tesques ou charmantes du théâtre de Molière; mais, encore une fois, il faut les connaître pour entrer dans la communion
des esprits qui travaillent à se perfection-
ner; et la classe ouvrière, je le répète, n'a
pas le droit de se refuser à cette communion.

Elle n'a pas le droit de croire que les
théâtres littéraires ne sont pas les siens, et
de se confiner aux seuls théâtres populaires. Théâtres littéraires, théâtres populaires, la distinction n'existe plus, en ce
sens-là du moins.

Tout est à tous.

Il y a quelqu'un qui a plus d'esprit que moi, disait autrefois Voltaire : c'est tout le monde.

Ce quelqu'un-là existe toujours.

Il y a quelqu'un aujourd'hui qui est plus riche que les souverains, puisqu'il leur prête, soit pour les travaux de la paix, soit pour les dépenses de la guerre : c'est tout le monde.

Il y a quelqu'un qui se transporte plus rapidement à Versailles et à Fontainebleau que ne faisait le roi Louis XIV avec les relais de la grande écurie : c'est tout le monde.

Il y a quelqu'un qui a la foudre invisible à son service, qui lui dit : Pars et reviens ! qui la charge de sa correspondance, envoie une nouvelle et reçoit la réponse, d'aussi loin que ce soit, en moins de temps que M<sup>me</sup> de Maintenon ne recevait à Versailles des nouvelles de Saint-Cyr : c'est tout le monde.

Il y a quelqu'un qui a de plus beaux
parcs que n'en avait le surintendant à Vaux,
Condé à Chantilly, la duchesse du Maine à
Sceaux-Penthièvre, puisqu'il a le bois de
Boulogne et le bois de Vincennes, avec
leurs cascades écumantes qui ne se tai-
sent ni le jour ni la nuit : c'est tout le
monde.

Il y a quelqu'un qui a ses jardins à la
ville, mieux entretenus, mieux renouvelés
de fleurs rares et venues à grands frais,
que l'amateur de tulipes dont La Bruyère
raille la manie : c'est tout le monde.

Il y a quelqu'un pour qui rien n'est
épargné; pour qui les grands arbres se dé-
placent et passent dans les villes; pour qui
les ombrages que Dieu met trente ans à
épaissir s'improvisent en une heure; pour
qui l'on fait monter à fleur de sol les ri-
vières souterraines; pour qui l'on amène,
sur d'immenses aqueducs, les eaux lim-
pides filtrées par la montagne : c'est tout
le monde.

Ne sommes-nous donc pas accoutumés à cet avénement de tout le monde?

N'ayons pas l'air d'en être plus surpris que nous ne sommes. Aidons à un mouvement puissant et doux. Ne nous défendons pas contre la loi du monde nouveau, et que la classe ouvrière ne lui oppose pas elle-même la résistance des vieilles habitudes.

L'égalité monte pacifiquement de toutes parts. Que chacun s'y apprête ; et participons tous, autant qu'il est possible, suivant la mesure de nos loisirs, à la même littérature.

Songez qu'entre tant de dons répandus sur la France, sur cette terre de bénédiction et d'amour, il y a une langue supérieure à toutes les langues et que le monde civilisé nous emprunte sans envie. Songez que cette langue de la nation et l'esprit de la nation ne font qu'un ; que l'un et l'autre se sont achevés et perfectionnés mutuellement, et qu'où la langue s'altère, l'esprit français s'altère aussi.

Songez que cette langue limpide et pure,
transparente et sonore comme le cristal,
cette langue qui se laisse voir jusqu'au
fond, qui éclaire tout, qui peut tout dire,
tantôt avec une magnificence incompa-
rable, tantôt avec une exquise simplicité,
est notre patrimoine, notre richesse et
notre gloire.

Songez qu'elle est un signe de noblesse
et de noblesse légitime, et de noblesse ac-
cessible à tous ceux qui veulent la mé-
riter.

Méritez-la donc ! Rapprochez-vous peu
à peu de cette belle langue. Laissez-vous
conduire à elle. Venez l'entendre, cela
n'est pas plus malaisé que d'entendre celle
qui en est la parodie. Venez où on la parle
dans sa simplicité, dans sa justesse et
dans son exactitude, où des artistes, où
des maîtres en font leur étude, leur science
et l'honneur de leur vie, où ils s'appli-
quent à concerter avec elle la grâce et la
force de leur diction, à lui garder sa pro-

nonciation normale, son nombre, ses accents, le dessin et la cadence de la phrase,
à imiter toute sa perfection, toutes ses dé-
licatesses, par la délicatesse et la perfection de leur voix.

Venez! et ne vous inquiétez pas d'un
autre soin. C'est du plaisir, et ce sera un
travail qui ne vous aura coûté aucun ef-
fort. Quand vous avez entendu d'excellents
chanteurs, avec cette faculté de sympathie
et d'assimilation qui n'appartient pas seulement à notre esprit, mais en quelque
sorte à notre constitution physique, votre
organe se modelait spontanément sur celui
de l'artiste; il en suivait à votre insu l'ef-
fort, le jeu intérieur et les mouvements
imperceptibles. En sortant du spectacle ou
du concert, vous vous preniez à chanter
d'une voix plus souple, plus puissante et
plus étendue. Quand vous écouterez bien
dire et que vous vous y plairez, votre voix
se façonnera d'elle-même à mieux dire. Elle
s'y accoutumera sans que vous vous en

aperceviez, et il ne faut pas non plus que vous vous en aperceviez. Je serais bien mal compris si j'avais l'air de conseiller le pédantisme ou la prétention à la classe ouvrière. Non ! je voudrais que le bon théâtre mêlât pour elle son effet heureux et salutaire à celui de cette grande ville métamorphosée, de ces rues pleines d'air et de soleil, de ces jardins, de ces perspectives, de ces clartés, de ces beautés, de ces élégances qui lui deviennent familières et l'élèvent par tous les côtés à la fois.

Je ne dis plus qu'un mot. Je le mets dans votre pensée, et c'est le résumé de tout mon discours : l'égalité de la langue !

Avec l'égalité de la langue, si je n'ai pas fait un trop beau rêve, nous serions tous les enfants de la même famille, issus de la même origine intellectuelle, et ayant pour ancêtres les grands aïeux de l'esprit français : Corneille, Molière et Racine.

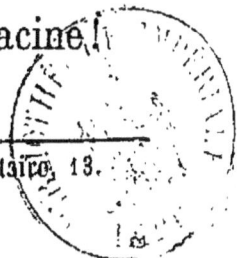

Typographie E. PANCKOUCKE et Cᵉ, quai Voltaire, 13.

www.ingramcontent.com/pod-product-compliance
Lightning Source LLC
Chambersburg PA
CBHW060642100426
42744CB00008B/1723